Mi gat

Texto por Anjeanetta Prater Matthews
Fotos por Donna L. Cuevas Roeder

A mí me gusta pasar el
tiempo con mi gato.

Yo llamo a mi gato
para que venga conmigo.

Yo le doy comida a mi gato.

Yo le doy agua a mi
gato.

A mi gato le gusta

afilarse las uñas.

A mi gato le gusta
esconderse en el zacate.

A mi gato le gusta

jugar con su juguete.

A mí me gusta acariciar
a mi gato.

¡Yo quiero a mi gato!